Impressum
Verlag: BABADADA GmbH, Nedderfeld 112 , 22529 Hamburg
Geschäftsführer / Verlagsleitung: Harald Hof
Druck: Books on Demand GmbH, In de Tarpen 42, 22848 Norderstedt

Imprint
Publisher: BABADADA GmbH, Nedderfeld 112 , 22529 Hamburg, Germany
Managing Director / Publishing direction: Harald Hof
Print: Books on Demand GmbH, In de Tarpen 42, 22848 Norderstedt, Germany

shkolla

escuela

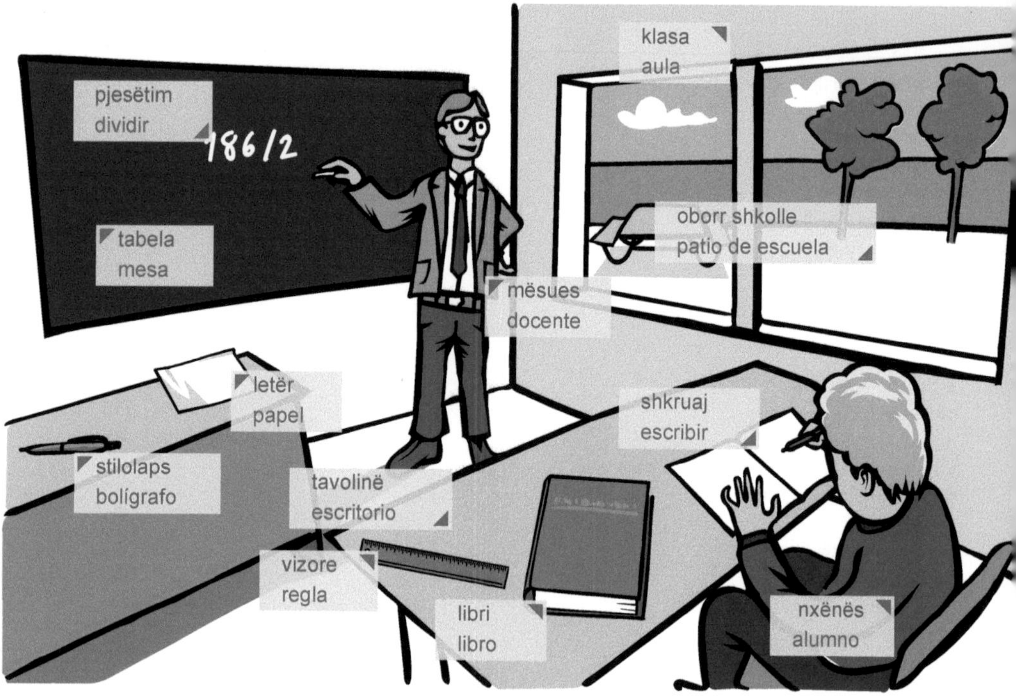
klasa
aula
pjesëtim
dividir
186/2
tabela
mesa
oborr shkolle
patio de escuela
mësues
docente
letër
papel
shkruaj
escribir
stilolaps
bolígrafo
tavolinë
escritorio
vizore
regla
libri
libro
nxënës
alumno

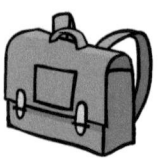

çantë

mochila escolar

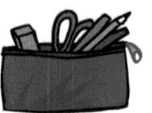

mbajtëse lapsash

caja de lápices

laps

lápiz

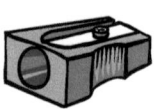

mprehës lapsash

sacapuntas

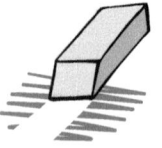

gomë

goma de borrar

fletore vizatimi

bloc de dibujo

vizatim
dibujo

penel
pincel

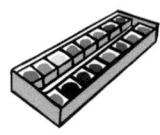

kuti bojërash
caja de pinturas

gërshërë
tijera

ngjitës
pegamento

fletore detyrash
libro de ejercicios

detyrë shtëpie
tarea

12

numër
número

2+2

mbledh
sumar

5-2

zbres
restar

2×2

shumëzoj
multiplicar

llogaris
calcular

A

gërmë
letra

ABCDEFG HIJKLMN OPQRSTU VWXYZ

alfabeti
alfabeto

fjalë
palabra

tekst

texto

lexoj

leer

shkumës

tiza

mësim

lección

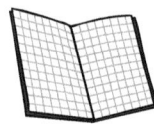

regjistër

libro de clase

provim

examen

çertifikatë

certificado

uniformë shkolle

uniforme escolar

arsimim

educación

enciklopedia

enciclopedia

universitet

universidad

mikroskop

microscopio

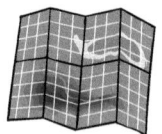

hartë

mapa

kosh letrash

cesto de papeles

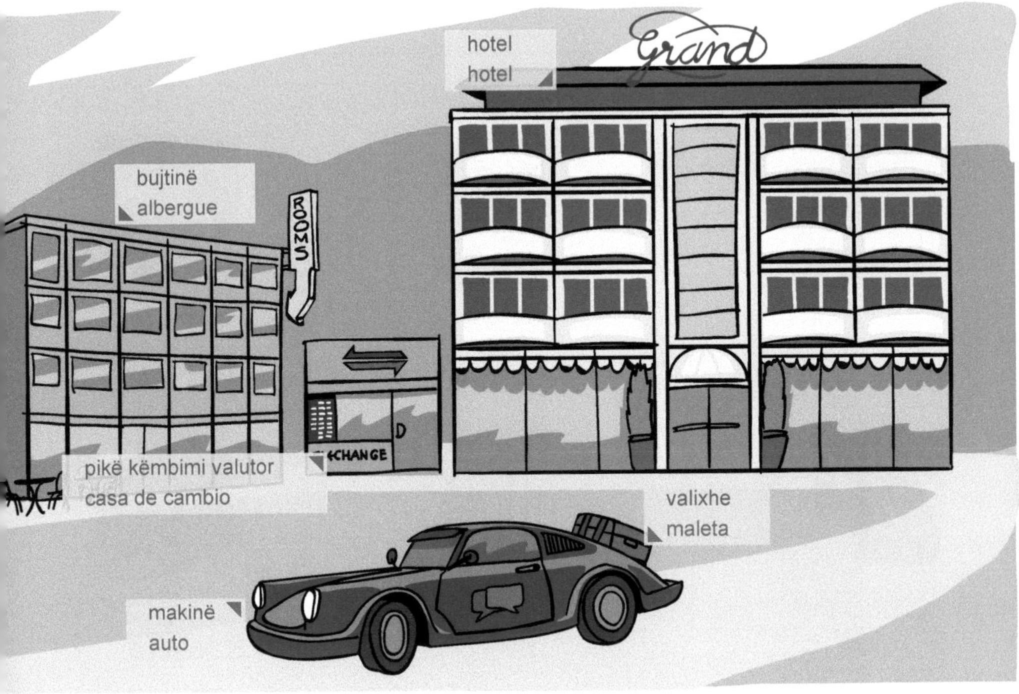

hotel
hotel
Grand
bujtinë
albergue
ROOMS
pikë këmbimi valutor
casa de cambio
EXCHANGE
valixhe
maleta
makinë
auto

gjuhë
idioma

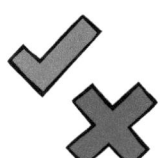

po / jo
sí / no

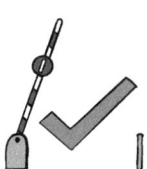

Në rregull
ok

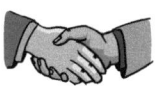

ç'kemi
hola

përkthyes
intérprete

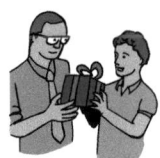

Faleminderit
gracias

sa kushton…?

¿Cuánto cuesta…?

nuk e kuptoj

No entiendo

problem

problema

Mirëmbrëma!

¡Buenas tardes!

Mirëmëngjes!

¡Buenos días!

Natën e mirë!

¡Buenas noches!

mirupafshim

adiós

drejtim

dirección

bagazhet

equipaje

çantë

bolso

çantë shpine

mochila

mysafir

invitado

dhomë

cuarto

thes gjumi

saco de dormir

tendë

tienda de campaña

informacion për turistët

información al turista

plazh

playa

kartë krediti

tarjeta de crédito

mëngjes

desayuno

drekë

almuerzo

darkë

cena

Biletë

pasaje

ashensor

ascensor

pulla

sello

kufi

límite

doganë

aduana

ambasadë

embajada

vizë

visa

pasaportë

pasaporte

udhëtim - viaje

transport
transporte

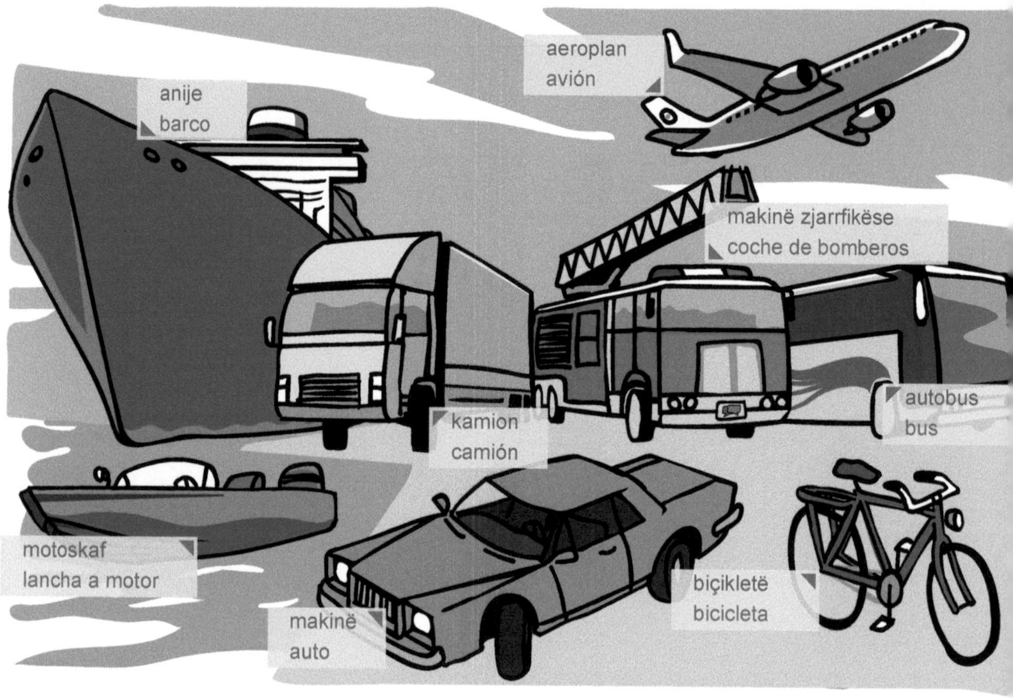
anije
barco
aeroplan
avión
makinë zjarrfikëse
coche de bomberos
kamion
camión
autobus
bus
motoskaf
lancha a motor
makinë
auto
biçikletë
bicicleta

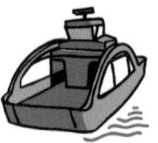

traget

balsa

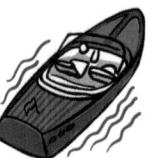

varkë

lancha

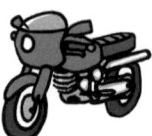

motoçikletë

motocicleta

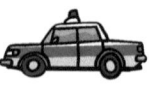

makinë policie

auto de policía

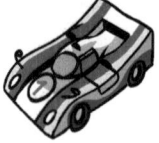

makinë garash

auto de carreras

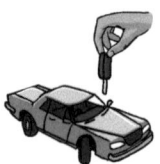

makinë me qira

auto de alquiler

arje e qirasë së makinës

alquiler de autos

karroatrec

grúa

makinë plehrash

vehículo recolector de basura

motor

motor

benzinë

gasolina

pikë karburanti

gasolinera

sinjalistikë trafiku

señal de tráfico

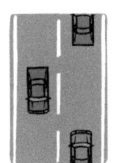

trafik

tránsito

bllokim trafiku

atasco

parkim makinash

estacionamiento

stacion treni

estación de tren

trase

carril

tren

tren

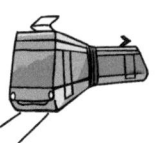

tramvaj

tranvía

karro

vagón

helikopter

helicóptero

aeroport

aeropuerto

kullë

torre

pasagjer

pasajero

kontenier

contenedor

kuti kartoni

caja de cartón

qerre

carro

shportë

cesta

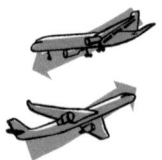

ngrihem / ulem

despegar / aterrizar

qytet
ciudad

fshat

aldea

qendra e qytetit

centro de la ciudad

shtëpi

casa

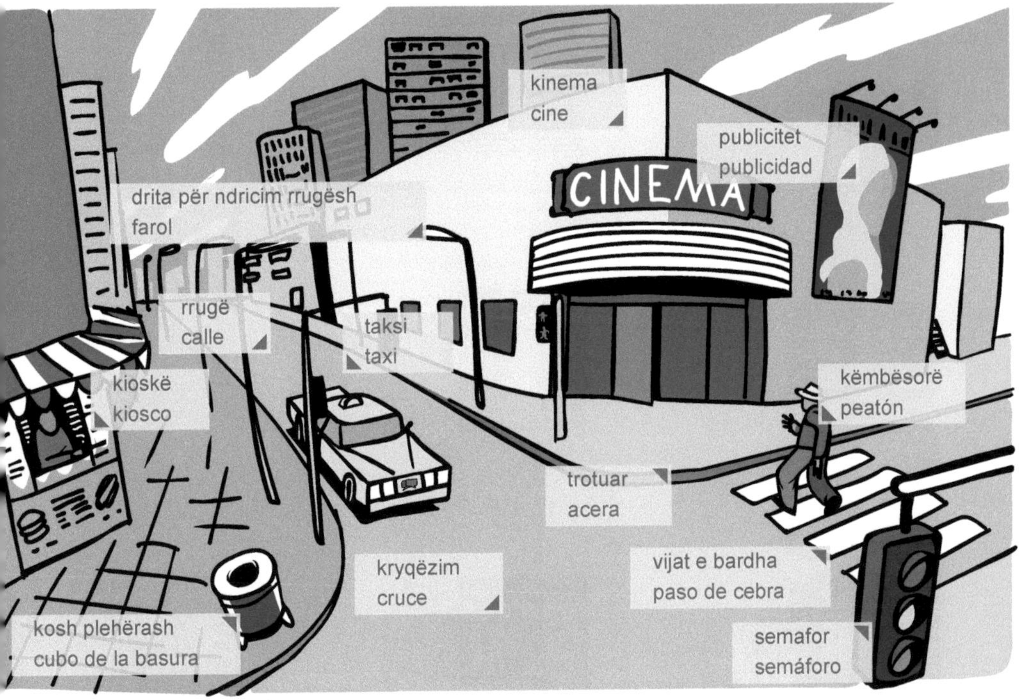

kinema
cine

publicitet
publicidad

drita për ndricim rrugësh
farol

CINEMA

rrugë
calle

taksi
taxi

kioskë
kiosco

këmbësorë
peatón

trotuar
acera

kryqëzim
cruce

vijat e bardha
paso de cebra

kosh plehërash
cubo de la basura

semafor
semáforo

kasolle
cabaña

apartament
apartamento

stacion treni
estación de tren

bashki
ayuntamiento

muze
museo

shkolla
escuela

universitet

universidad

bankë

banco

spital

hospital

hotel

hotel

farmaci

farmacia

zyrë

oficina

librari

librería

dyqan

negocio

dyqan lulesh

florería

supermarket

supermercado

market

mercado

mapo

grandes almacenes

dyqan peshku

pescadería

qëndër tregtare

centro comercial

port

puerto

park
parque

stol
banco

urë
puente

shkallë
escalera

metro
metro

tunel
túnel

stacion autobuzi
parada de autobuses

bar
bar

restorant
restaurante

kuti postare
buzón de correo

sinjalistikë rrugore
letrero

kohëmatës parkimi
parquímetro

kopsht zoologjik
zoológico

pishinë
piscina

xhami
mezquita

fermë
....
granja

ndotje
....
polución

varrezë
....
cementerio

kishë
....
iglesia

shesh lojërash
....
parque infantil

tempull
....
templo

peisazh

paisaje

gjethe
hoja

tabela orientuese
indicador de camino

rrugë
sendero

livadh
pradera

gurë
piedra

ekskursionist
caminante

pemë
árbol

lumë
río

bar
pasto

lule
flor

luginë
valle

kodër
montaña

liqen
lago

pyll
bosque

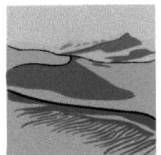

shkretëtirë
desierto

vullkan
volcán

kështjellë
castillo

ylber
arco iris

kepudhë
seta

palmë
palmera

mushkonjë
mosquito

mizë
mosca

milingonë
hormiga

bletë
abeja

merimangë
araña

peisazh - paisaje

brumbull

escarabajo

bretkosë

rana

ketër

ardilla

iriq

erizo

lepur

liebre

buf

lechuza

zog

pájaro

mjellmë

cisne

derr i egër

jabalí

dre

ciervo

dre brilopatë

alce

digë

embalse

turbinë ere

aerogenerador

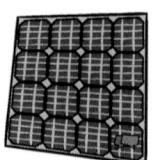

panel diellor

módulo solar

klimë

clima

restorant
restaurante

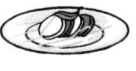

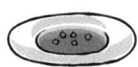

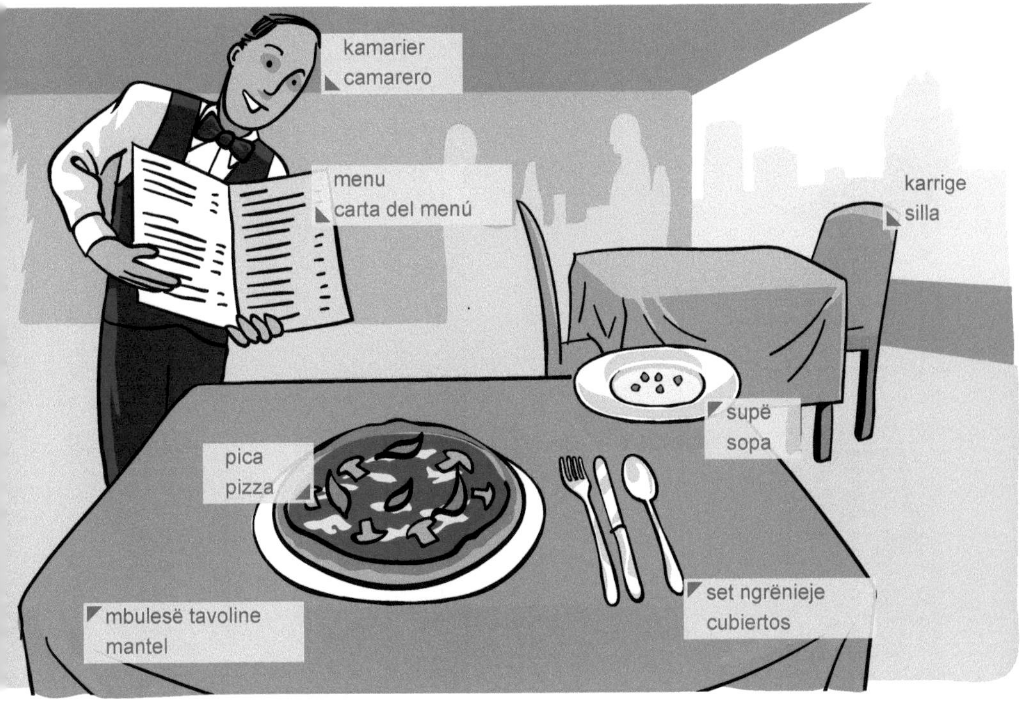

kamarier
camarero
menu
carta del menú
karrige
silla
supë
sopa
pica
pizza
mbulesë tavoline
mantel
set ngrënieje
cubiertos

pjatë e parë

entrada

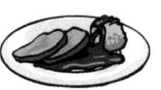

pjatë kryesore

plato principal

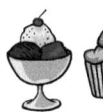

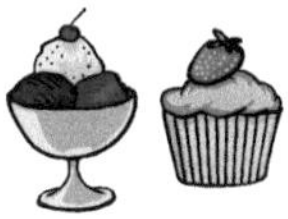

ëmbëlsirë

postre

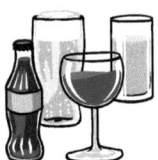

pije

bebida

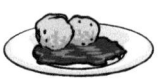

ushqim

comida

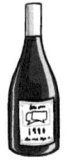

shishe

botella

ushqim i shpejtë

comida rápida

ushqim i shërbyer në rrugë

comida callejera

ibrik çaji

tetera

kuti sheqeri

azucarera

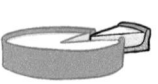

racion

porción

makinë kafeje ekspres

máquina de espresso

karrige e lartë

silla alta

faturë

factura

tabaka

bandeja

thika

cuchillo

pirun

tenedor

lugë

cuchara

lugë çaji

cuchara de té

pecetë

servilleta

gotë

vaso

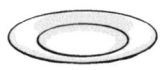

pjatë

plato

pjatë supe

plato de sopa

pjatë filxhani

platillo

salcë

salsa

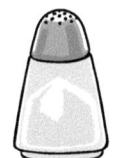

mbajtëse kripe

salero

mulli piperi

molinillo para pimienta

uthull

vinagre

vaj

aceite

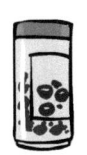

erëza

especias

keçap

ketchup

mustardë

mostaza

majonezë

mayonesa

supermarket

supermercado

ofertë speciale
oferta
FOR
klient
cliente
produkte bulmeti
productos lácteos
frut
fruta
karrocë pazari
carrito de compras

BUTCHERS

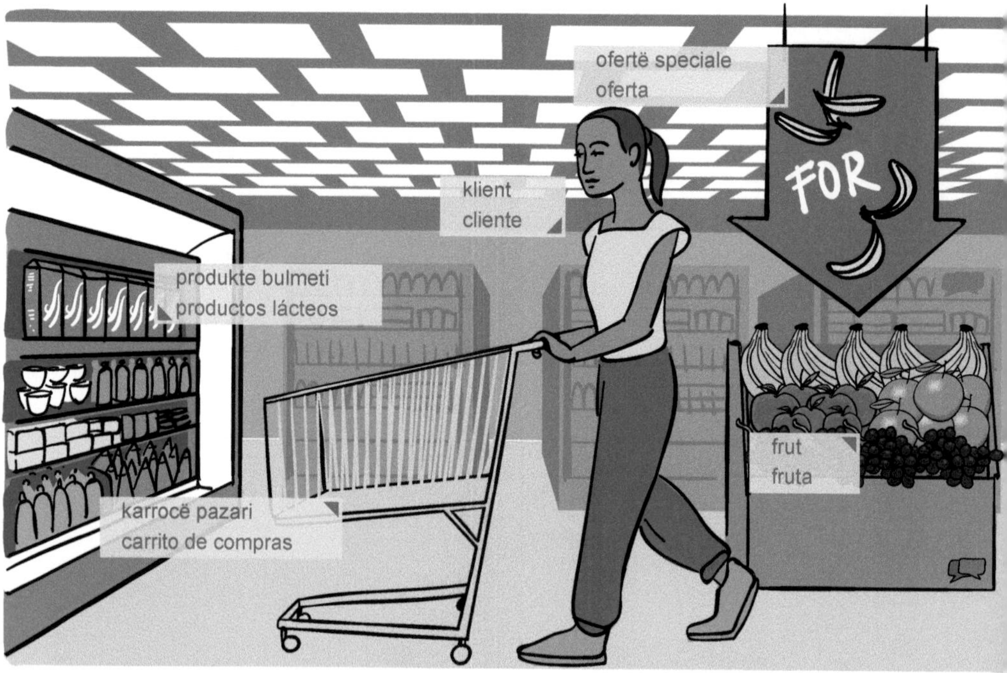

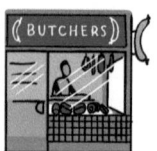

dyqan mishi

carnicería

BAKERY

furrë buke

panadería

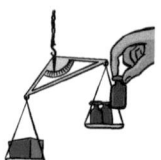

peshoj

pesar

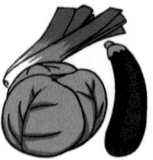

perime

verdura

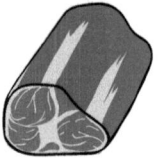

mish

carne

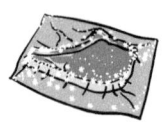

ushqim i ngrirë

alimentos congelados

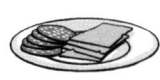

copë
fiambre

ushqim i konservuar
conservas

pluhur larës
detergente en polvo

ëmbëlsirat
dulces

prodhime shtëpie
artículos domésticos

produkte pastrimi
productos de limpieza

shitëse
vendedora

kasë fiskale
caja

arkëtar
cajero

listë blerjeje
lista de compras

oraret e punës
horario de atención

portofol
cartera

kartë krediti
tarjeta de crédito

çantë
maleta

qese plastike
bolsa plástica

ujë

agua

lëng frutash

jugo

qumësht

leche

koka-kola

refresco de cola

verë

vino

birrë

cerveza

alkool

alcohol

kakao

cacao

çaj

té

kafe

café

kafe ekspres

espresso

kapuçino

cappuccino

banane

banana

mollë

manzana

portokalle

naranja

pjepër

sandía

limon

limón

karrotë

zanahoria

hudhër

ajo

bambu

bambú

qepë

cebolla

kërpudha

seta

arra

nueces

makarona

fideos

spageti

espagueti

oriz

arroz

sallatë

ensalada

patate të skuqura

patatas fritas

patate të skuqura

patatas salteadas

pica

pizza

hamburger

hamburguesa

sanduiç

sándwich

shnicel

escalope

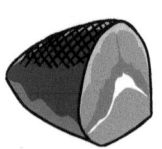

proshutë

jamón

sallam

salame

salçiçe

embutido

pulë

pollo

skuq

asado

peshk

pescado

tërshërë

copos de avena

drithëra

musli

kornfleiks

copos de maíz tostado

miell

harina

kruasant

croissant

panine

panecillo

bukë

pan

tost

tostada

biskotë

galletas

gjalp

mantequilla

gjizë

cuajada

tortë

pastel

vezë

huevo

vezë sy

huevo frito

djathë

queso

akullore
helado

sheqer
azúcar

mjaltë
miel

marmaladë
mermelada

çokokrem
praliné

këri
curry

fermë
granja

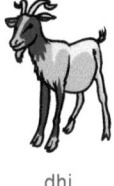

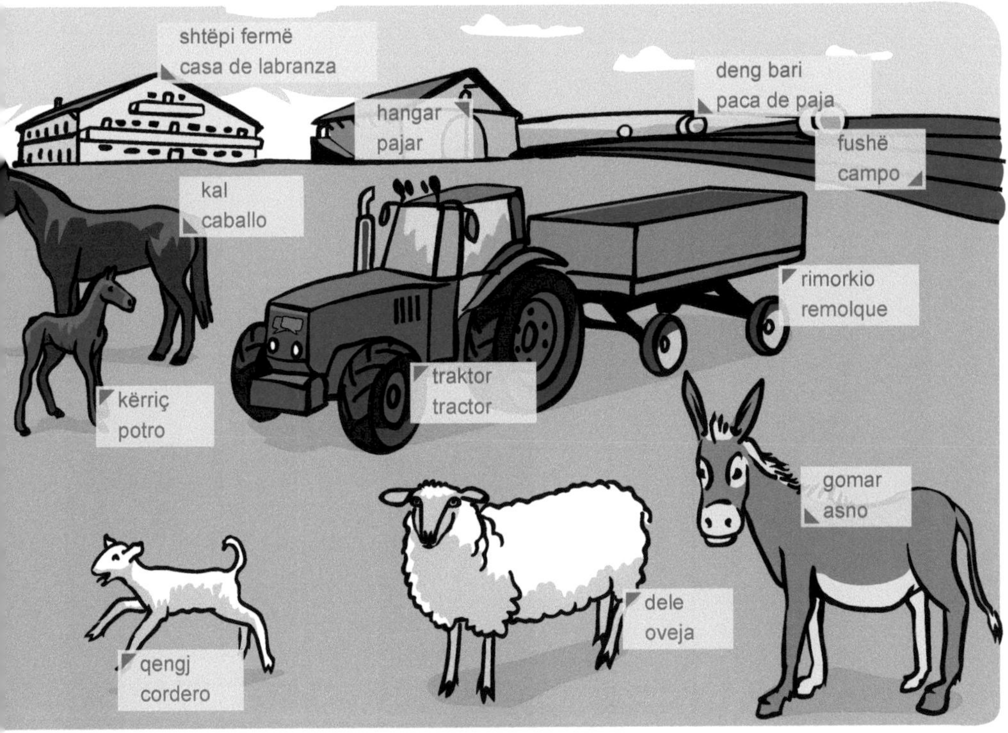

shtëpi fermë
casa de labranza
deng bari
paca de paja
hangar
pajar
fushë
campo
kal
caballo
rimorkio
remolque
traktor
tractor
kërriç
potro
gomar
asno
dele
oveja
qengj
cordero

dhi

cabra

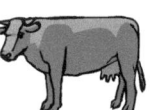

lopë

vaca

viç

ternero

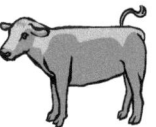

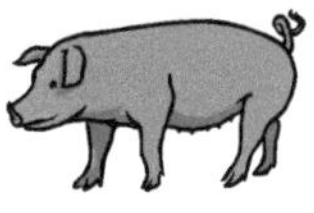

derr

cerdo

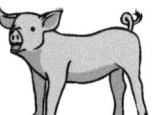

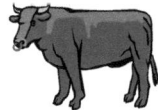

derrkuc

lechón

dem

toro

patë
ganso

rosë
pato

zog pule
polluelo

pulë
pollo

gjel
gallo

mi
rata

mace
gato

mi
ratón

buall
buey

qen
perro

kolibe qeni
caseta del perro

zorrë vaditëse
manguera de riego

vaditëse
regadera

kosë
guadaña

plug
arado

drapër

hoz

shat

azada

kosa

bieldo

sëpatë

hacha

karrocë

carretilla

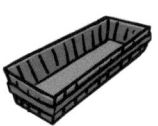

govatë

abrevadero

bidon qumështi

lechera

thes

saco

gardh

cerca

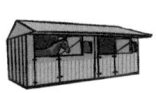

ahur

establo

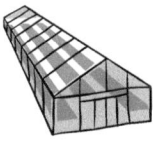

serë

invernadero

dhe

suelo

farë

semilla

pleh

fertilizante

autokombanjë

cosechadora

korr

cosechar

te korrat

cosecha

patate e ëmbël "Yam"

raíz de ñame

grurë

trigo

soja

soja

patate

patata

misër

maíz

raps

colza

pemë frutore

Árbol frutal

zhardhok manioku

mandioca

drithëra

cereales

shtëpi
casa

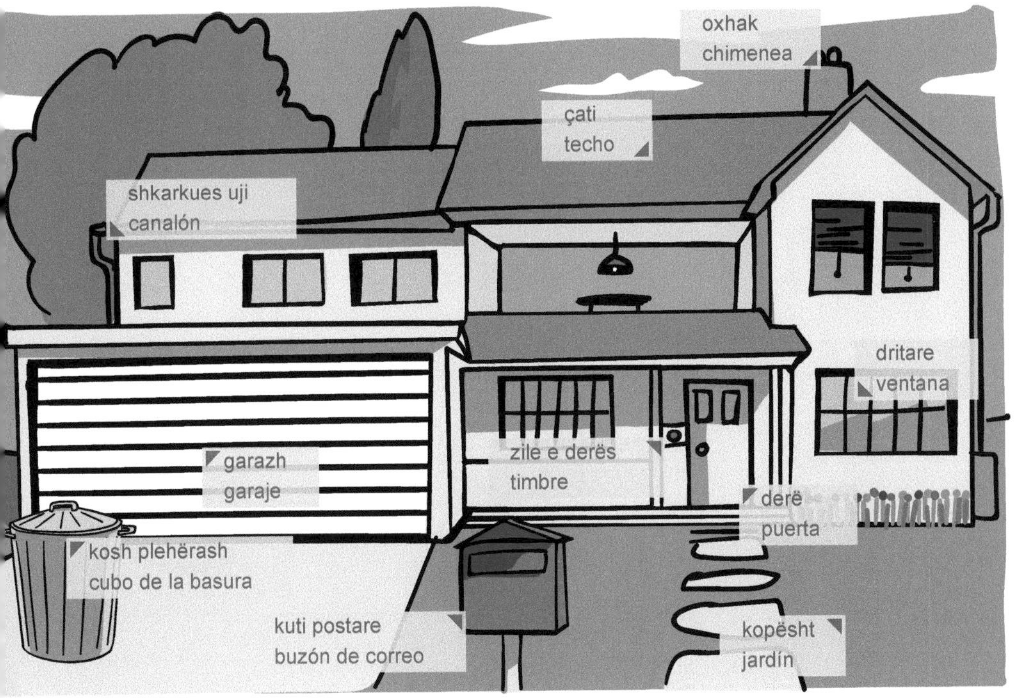

oxhak
chimenea
çati
techo
shkarkues uji
canalón
dritare
ventana
garazh
garaje
zile e derës
timbre
derë
puerta
kosh plehërash
cubo de la basura
kuti postare
buzón de correo
kopësht
jardín

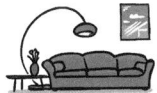

dhomë ndenjeje

cuarto de estar

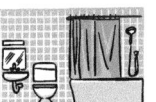

tualet

cuarto de baño

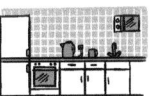

kuzhinë

cocina

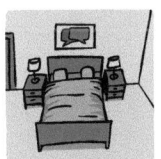

dhomë gjumi

dormitorio

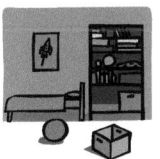

dhomë fëmijësh

cuarto de los niños

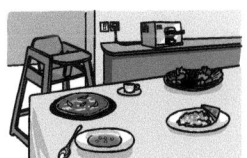

dhomë ngrënieje

comedor

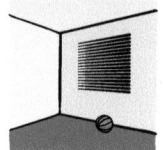

dysheme
piso

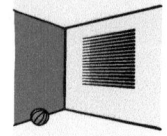

mur
pared

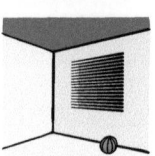

tavan
cielorraso

bodrum
sótano

sauna
sauna

ballkon
balcón

tarracë
terraza

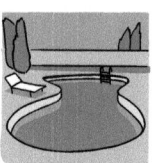

pishinë
piscina

kositëse bari
cortacésped

çarçaf
funda nórdica

kuvertë
edredón

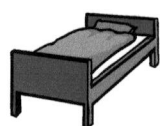

krevat
cama

fshesë dore
escoba

kovë
cubo

çelës
interruptor

dhomë ndenjeje
cuarto de estar

tapiceri
papel para empapelar
fotografi
imagen
llambë
lámpara
raft
estante
dollap
gabinete
pajisje televizive
televisor
vatër
hogar
lule
flor
jastëk
cojín
divan
sofá
vazo
florero
telekomandë
control remoto

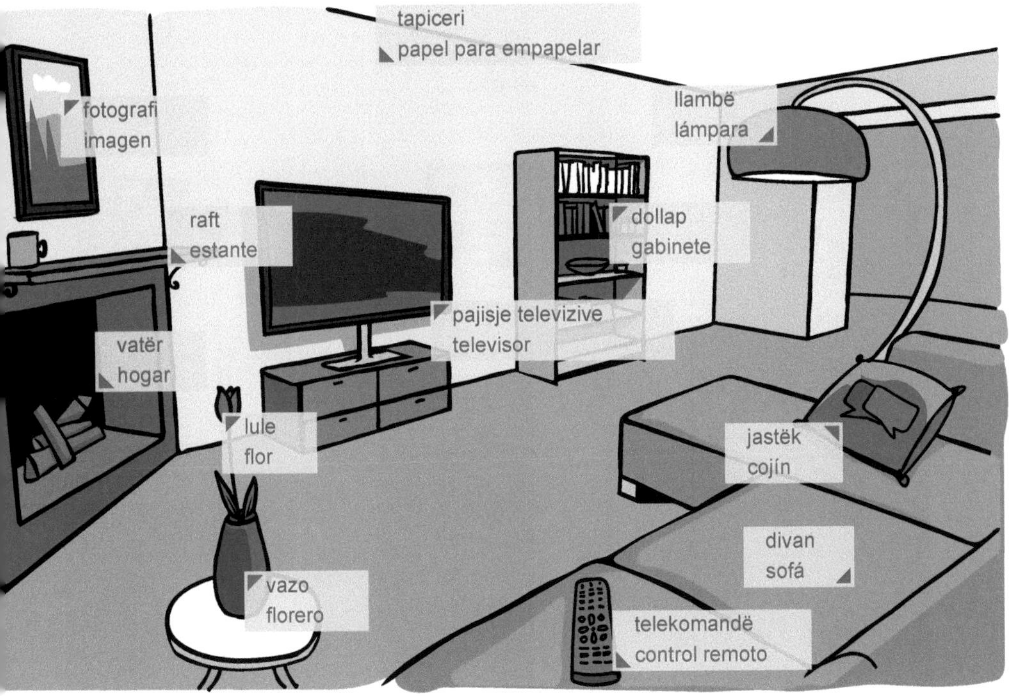

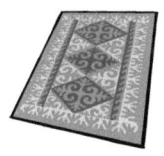

qilim

alfombra

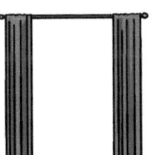

perde

cortina

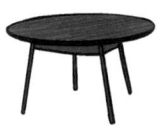

tavolinë

mesa

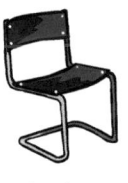

karrige

silla

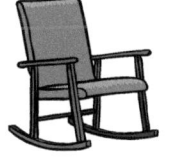

karrige lëkundëse

mecedora

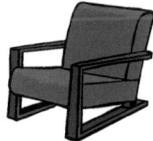

kolltuk

sillón

libri
libro

batanije
frazada

zbukurime
decoración

dru zjarri
leña

film
film

stereo
equipo estereofónico

çelës
llave

gazetë
periódico

pikturë
cuadro

afishe
póster

radio
radio

bllok shënimesh
bloc de notas

fshesë me korent
aspiradora

kaktus
cactus

qiri
vela

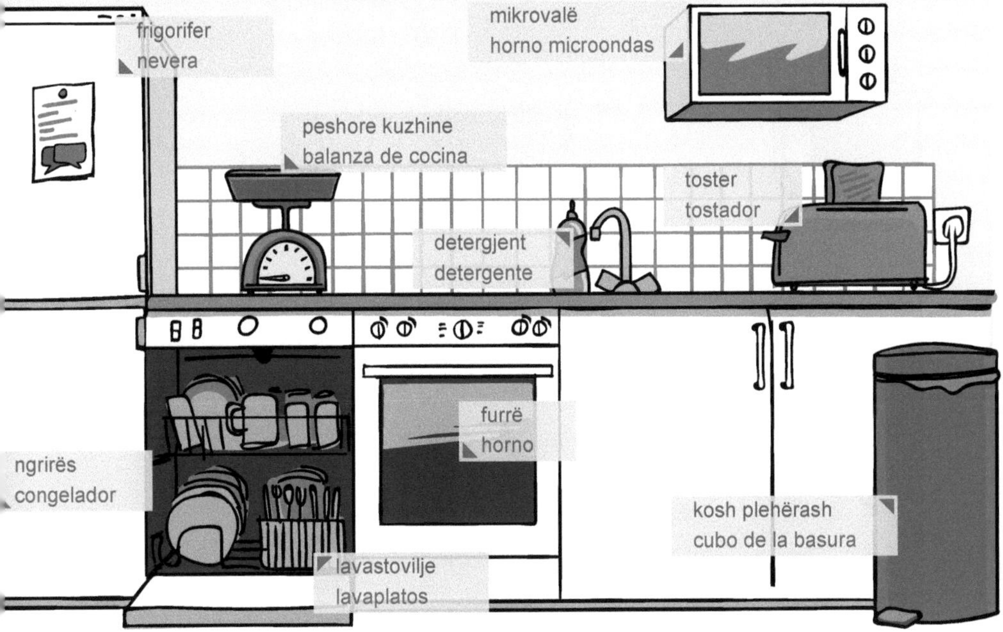

frigorifer
nevera

mikrovalë
horno microondas

peshore kuzhine
balanza de cocina

toster
tostador

detergjent
detergente

furrë
horno

ngrirës
congelador

kosh plehërash
cubo de la basura

lavastovilje
lavaplatos

sobë
cocina

tenxhere
olla

tenxhere me kapak
olla de fundición de hierro

tigan special (Wok)
wok / kadai

tigan
sartén

çajnik
hervidor de agua

tenxhere me avull

olla de vapor

tavë pjekjeje

bandeja de horno

enë

vajilla

filxhan

vaso

tas

bol

shkopinj

palillos para comer

garuzhde

cucharón de sopa

spatul

espátula

tel kuzhine

batidor

kulluese

colador

sitë

cedazo

rende

rallador

havan

mortero

skarë

parrillada

zjarr

fogata

dërrasë për prerje

tabla de picar

okllai

rodillo

heqëse tapash

sacacorchos

kanaçe

lata

hapëse kanaçeje

abrelatas

rrobë për të kapur tenxheren

agarrador

lavaman

fregadero

furçë

cepillo

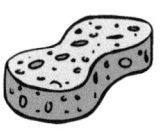

sfungjer

esponja

përzjerës

batidora

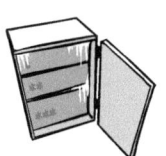

ngrirës

arcón congelador

biberon për lëngje

biberón

rubinet

grifo

kuzhinë - cocina

tualet

cuarto de baño

ngrohje
calefacción
dush
ducha
peshqirë
toalla
perde dushi
cortina para ducha
vaskë me shkumë
baño de espuma
vaskë
bañera
gotë
vaso
lavatriçe
lavadora
rubinet
grifo
pllaka
baldosa
oturak
orinal
lavaman
fregadero

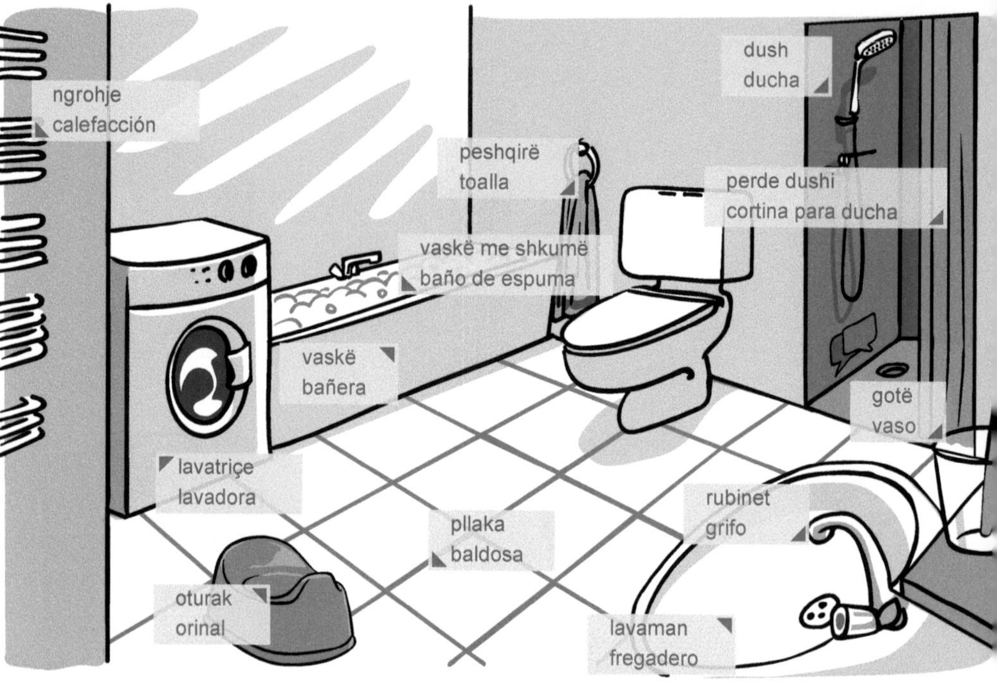

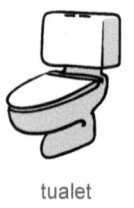

tualet

cuarto de baño

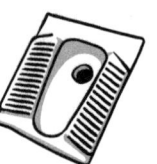

WC e sheshtë

placa turca

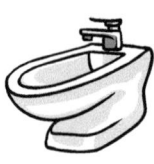

bide

bidé

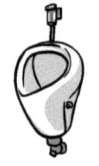

tualet publik

urinario

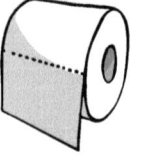

letër higjienike

papel higiénico

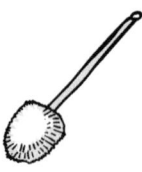

furçe për WC

escobilla para el cuarto de baño

furçë dhëmbësh

cepillo de dientes

pastë dhëmbësh

pasta dentífrica

fije dentare

seda dental

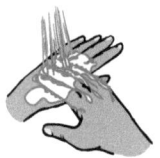

laj

lavar

dorezë dushi

ducha teléfono

larës për zonën intime

ducha higiénica

legen

cuenco

furçë për masazh shpine

cepillo para la espalda

sapun

jabón

shampo trupi

gel de ducha

shampo

champú

leckë pastruese

manopla para baño

kullues

desagüe

krem

crema

antidjersë

desodorante

pasqyrë

espejo

pasqyrë dore

espejo de maquillaje

brisk rroje

máquina de afeitar

shkumë rroje

espuma de afeitar

locion pas rrojes

loción para después del afeitado

krehër

peine

furçë

cepillo

tharëse flokësh

secador para cabello

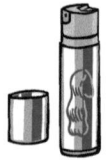

llak për flokët

laca de peinado

grim

maquillaje

buzëkuq

lápiz labial

manikyr

laca para uñas

mbushje pambuku

algodón

gërshërë për thonj

tijera para uñas

parfum

perfume

ntë për sendet personale

neceser

Stol

taburete

peshore

balanza

robëdëshambër

bata de baño

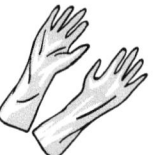

dorashka gome

guantes de goma

tampon

tampón

peceta higjienike

compresa

tualet I lëvizshëm

wáter químico

dhomë fëmijësh
cuarto de los niños

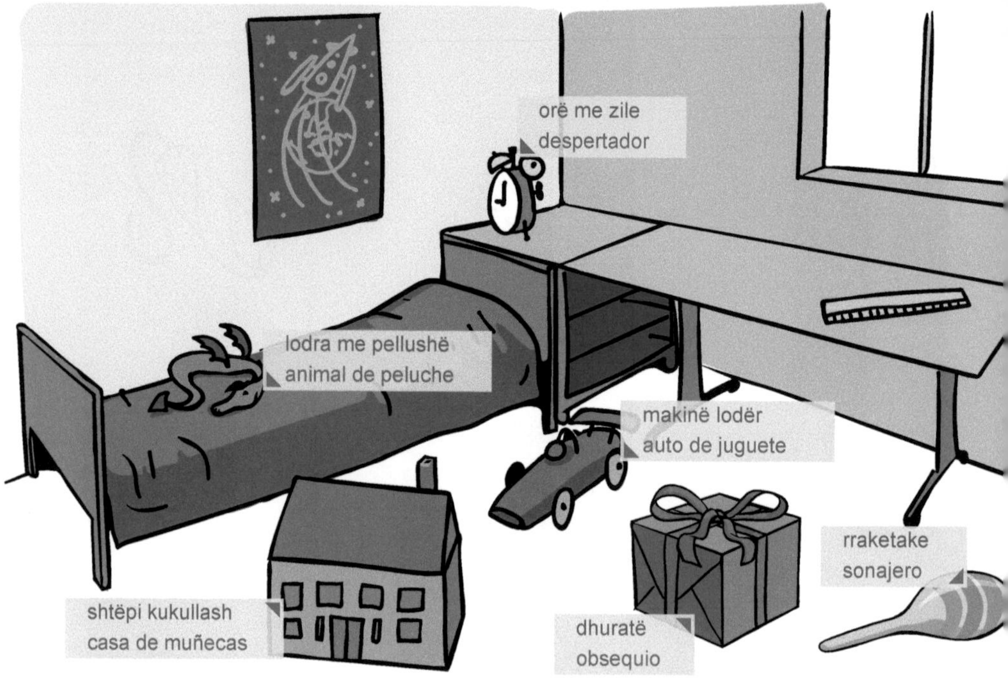
orë me zile
despertador
lodra me pellushë
animal de peluche
makinë lodër
auto de juguete
rraketake
sonajero
shtëpi kukullash
casa de muñecas
dhuratë
obsequio

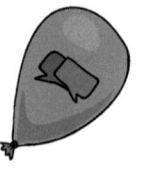

tollumbace

globo

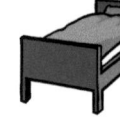

krevat

cama

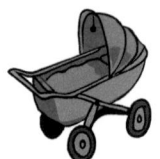

karrocë fëmijësh

cochecito para niños

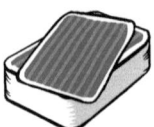

lojë me letra

juego de barajas

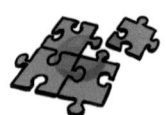

bashkim pjesësh me figura

rompecabezas

SUPER MEGA

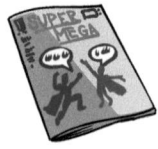

komik

cómic

formuese lodër

piezas de Lego

kuba plastikë

bloques para jugar

lodra

figura de acción

badi

pijama de una pieza

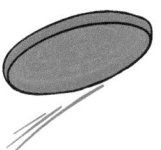

frizbi

frisbee

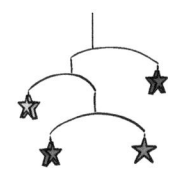

lodra të varura tek krevati i fëmijëve

móvil

tavolinë lojërash

juego de mesa

zare

dado

model treni

tren eléctrico a escala

biberon

chupete

festë

fiesta

libër me ilustrime

libro de dibujos

top

pelota

kukull

títere

luaj

jugar

grumbull rëre

arenero

kolovarëse

columpio

lodra

juguetes

leva për lojra video

consola de videojuego

triçikël

triciclo

arush prej pellushi

osito de peluche

garderobë

guardarropa

veshje
vestimenta

çorape

calcetines

çorape të gjata

medias

geta

panti

shall
chal

çadër
paraguas

bluzë pa jakë
camiseta

rrip
cinturón

çizme
botas

pantofla
zapatilla

atlete
deportivas

sandale
....
sandalias

këpucë
....
zapatos

çizme llastiku
....
botas de goma

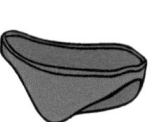

të mbathura
....
ropa interior

reçipeta
....
corpiño

kanotierë
....
camiseta

trup
body

pantallona
pantalón

xhinse
jeans

fund
falda

bluzë
blusa

këmishë
camisa

pulovër
pullover

triko
sweater

xhaketë
blazer

xhaketë
chaqueta

pallto
abrigo

mushama shiu
impermeable

kostum
traje chaqueta

fustan
vestido

fustan nusërie
vestido de bodas

kostum

traje

këmishë nate

camisón

pizhama

pijama

ari (veshje tradicionale indiane)

sari

shami koke

pañuelo de cabeza

çallmë

turbante

shje për femrat e besimit musliman

burka

kaftan (lloj veshjeje tradicionale)

caftán

ferexhe

abaya

kostum banje

traje de baño

rroba banje

bañador

pantallona të shkurtra

shorts

tuta sporti

chándal

përparëse

delantal

dorashka

guante

veshje - vestimenta

kopsë

botón

syze

gafa

byzylyk

brazalete

gjerdan

cadena

unazë

anillo

vath

aro

kapuç

gorra

varëse për pallto

percha

kapele

sombrero

kravatë

corbata

zinxhir

cierre a cremallera

helmetë

casco

tiranda

tiradores

uniformë shkolle

uniforme escolar

uniformë

uniforme

veshje - vestimenta

gushore
babero

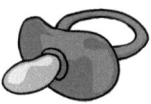

biberon
chupete

pelenë
pañal

zyrë
oficina

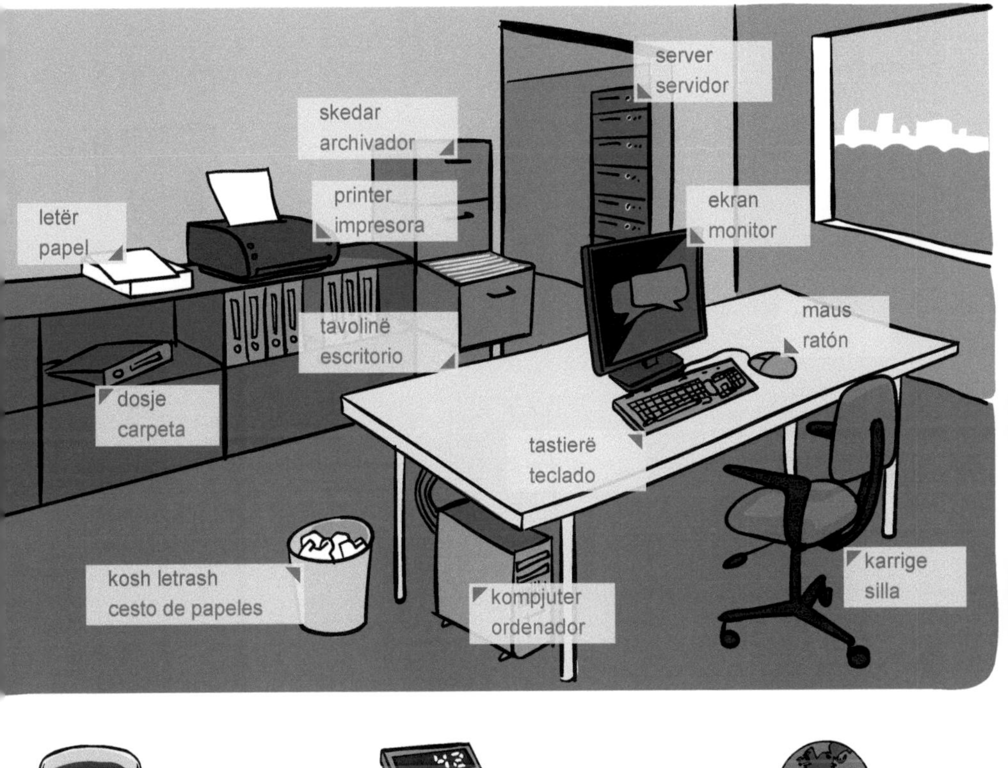

skedar
archivador

server
servidor

printer
impresora

ekran
monitor

letër
papel

tavolinë
escritorio

maus
ratón

dosje
carpeta

tastierë
teclado

kosh letrash
cesto de papeles

kompjuter
ordenador

karrige
silla

filxhan kafeje
taza de café

makinë llogaritëse
calculadora

internet
internet

kompjuter portativ

laptop

letër

carta

mesazh

mensaje

telefon

teléfono móvil

rrjet

red

fotokopje

fotocopiadora

program

software

telefon

teléfono

prizë

tomacorriente

pajisje faksi

máquina de fax

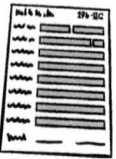

formular

formulario

dokument

documento

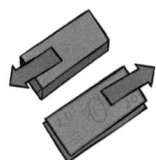

blej
....
comprar

paguaj
....
pagar

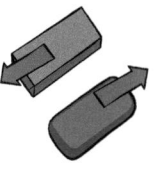

tregtoj
....
comerciar

para
....
dinero

 **USD**

dollar
....
dólar

 **EUR**

euro
....
euro

 **JPY**

jen
....
yen

 **RUB**

rubla
....
rublo

 **CHF**

franga zvicerane
....
franco

 **CNY**

juani kinez
....
renminbi

 **INR**

rupje
....
rupia

bankomat
....
cajero automático

pikë këmbimi valutor

casa de cambio

ar

oro

argjend

plata

nafta

petróleo

energji

energía

çmim

precio

kontratë

contrato

taksë

impuesto

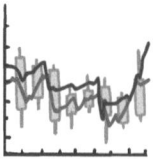

aksione

acción

punoj

trabajar

punonjës

empleado

punëdhënës

empleador

fabrikë

fábrica

dyqan

negocio

profesionet
ocupaciones

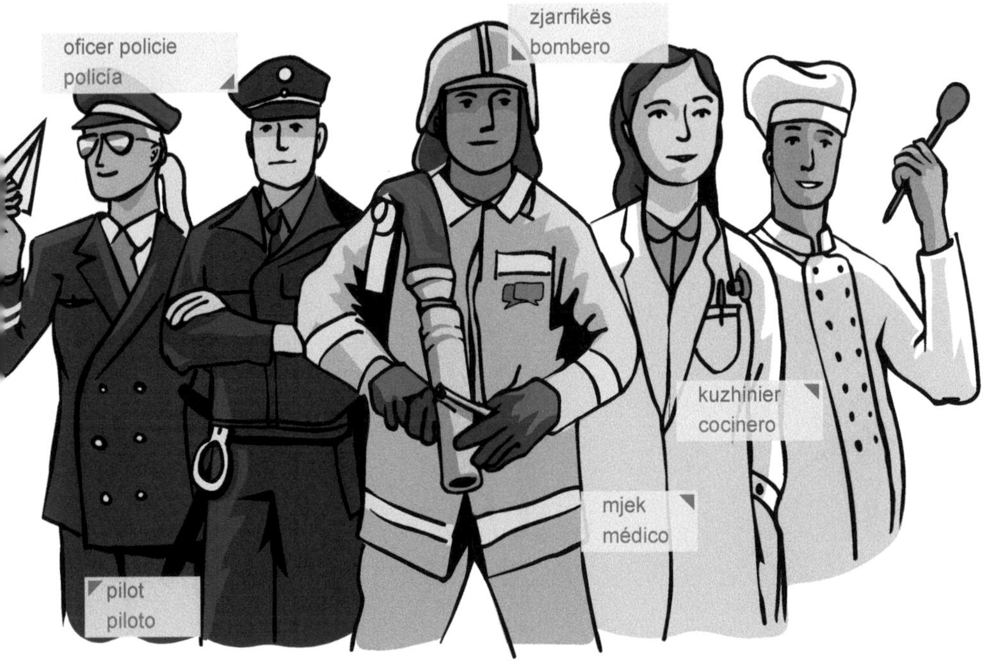
oficer policie
policía
zjarrfikës
bombero
kuzhinier
cocinero
mjek
médico
pilot
piloto

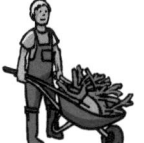

kopshtar

jardinero

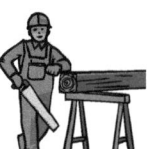

marangoz

carpintero

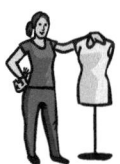

rrobaqepëse

costurera

gjykatës

juez

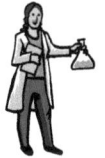

kimist

químico

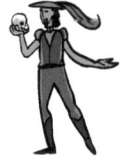

aktor

actor

shofer autobuzi

conductor de autobús

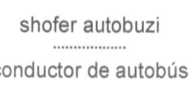

taksist

taxista

peshkatar

pescador

pastruese

mujer de la limpieza

riparues çatish

techista

kamarier

camarero

gjuetar

cazador

piktor

pintor

furrxhi

panadero

elektriçist

electricista

ndërtues

albañil

inxhinier

ingeniero

kasap

carnicero

hidraulik

fontanero

postieri

cartero

ushtar

soldado

arkitekt

arquitecto

arkëtar

cajero

luleshitës

florista

berber

peluquero

kontrollor

cobrador

mekanik

mecánico

kapiten

capitán

dentist

odontólogo

shkencëtar

científico

rabin

rabino

imam

imam

murg

monje

klerik

párroco

mjete
herramientas

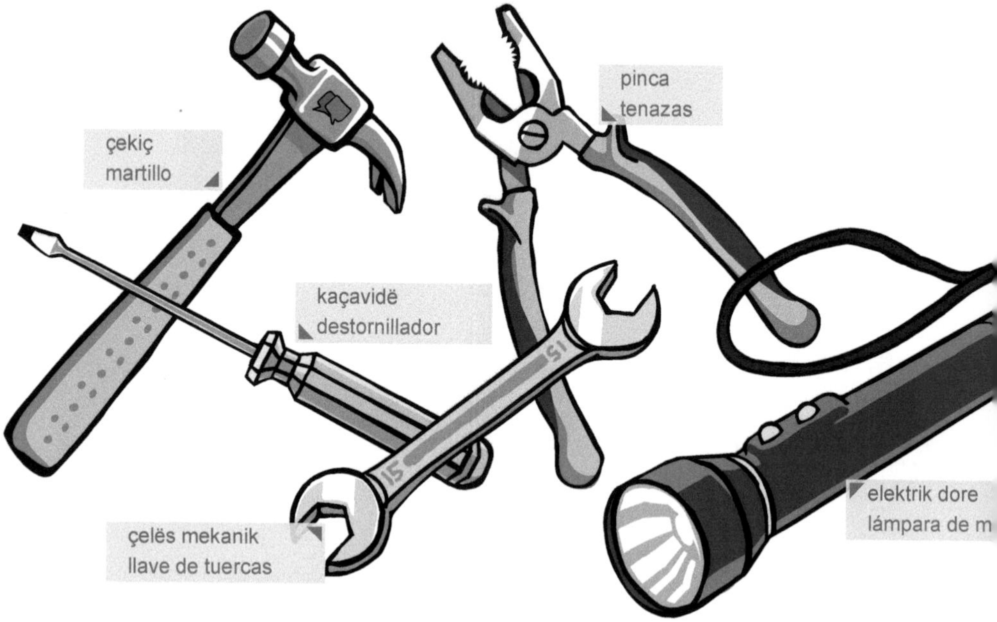

çekiç
martillo
pinca
tenazas
kaçavidë
destornillador
çelës mekanik
llave de tuercas
elektrik dore
lámpara de m

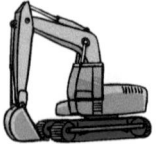

ekskavator

excavadora

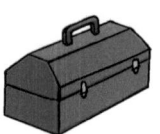

kuti veglash

caja de herramientas

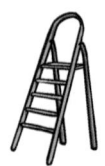

shkallë

escalerilla

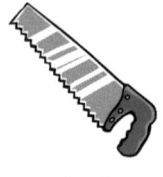

sharrë

serrucho

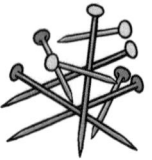

gozhdë

clavos

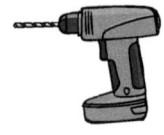

trapan

taladro

riparoj
reparar

lopatë
pala

Dreq!
¡Maldición!

kaci
recogedor

kuti boje
lata de pintura

vidhë
tornillos

instrumenta muzikorë
instrumentos musicales

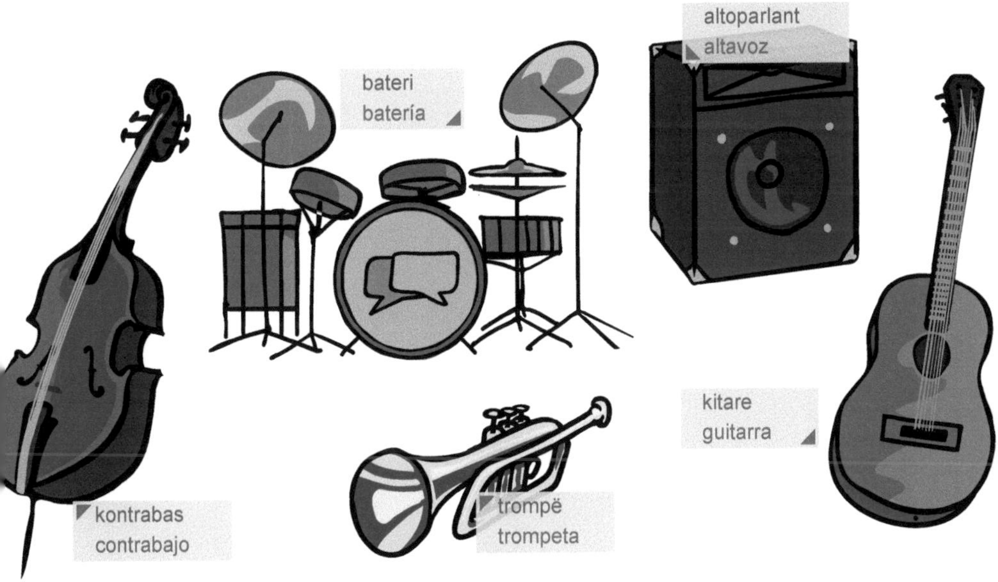

altoparlant
altavoz

bateri
batería

kontrabas
contrabajo

trompë
trompeta

kitare
guitarra

piano
piano

violinë
violín

bas
bajo

tamburë
timbales

daulle
tambor

tastierë pianoje
teclado

saksofon
saxofón

flaut
flauta

mikrofon
micrófono

instrumenta muzikorë - instrumentos musicales

kopsht zoologjik
zoológico

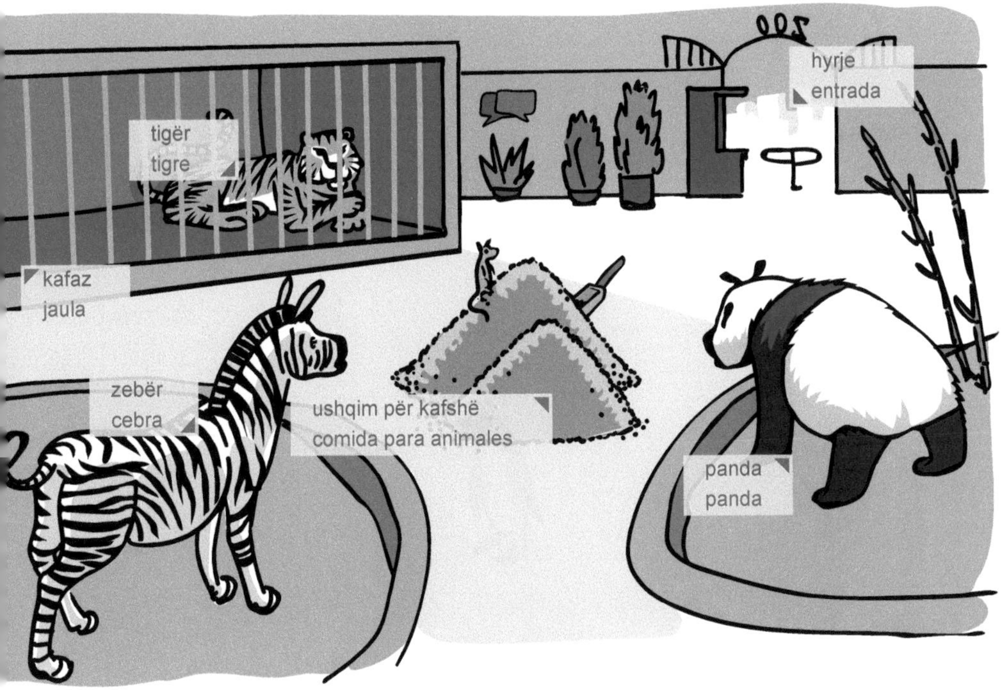

hyrje
entrada
tigër
tigre
kafaz
jaula
zebër
cebra
ushqim për kafshë
comida para animales
panda
panda

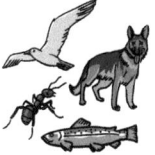

kafshë

animales

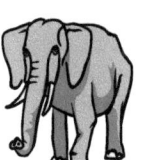

elefant

elefante

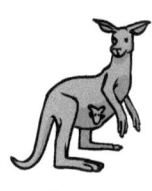

kangur

canguro

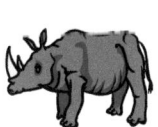

rinoceront

rinoceronte

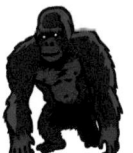

gorillë

gorila

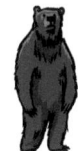

ari

oso

deve

camello

struc

avestruz

luan

león

majmun

mono

flamingo

flamengo

papagall

papagayo

ari polar

oso polar

pinguin

pingüino

peshkaqen

tiburón

pallua

pavo real

gjarpër

serpiente

krokodil

cocodrilo

punonjës i kopshtit zoologjik

cuidador del zoológico

fokë

foca

xhaguar

jaguar

poni
pony

leopard
leopardo

hipopotam
hipopótamo

gjirafë
jirafa

shqiponjë
águila

derr i egër
jabalí

peshk
pescado

breshkë
tortuga

lopë deti
morsa

dhelpër
zorro

gazelë
gacela

futboll amerikan
fútbol americano

çiklizëm
ciclismo

tenis
tenis

basketboll
baloncesto

not
natación

boks
boxeo

hokej mbi akull
hockey sobre hielo

futboll
fútbol

badminton
badminton

atletikë
atletismo

hendboll
balonmano

ski
esquí

polo
polo

aktivitet
actividades

hidhem
saltar
përqafoj
abrazar
qesh
reír
eci
caminar
këndoj
cantar
ëndërroj
soñar
lutem
rezar
puth
besar

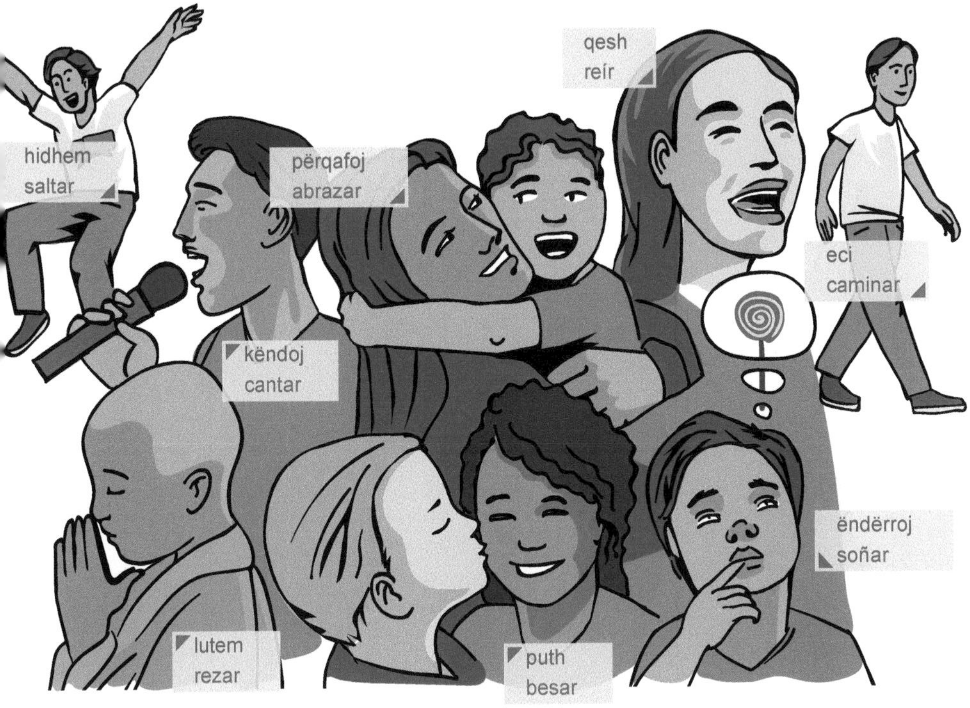

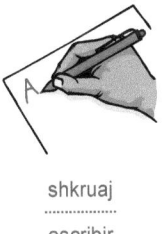

shkruaj

escribir

vizatoj

dibujar

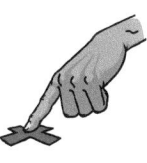

tregoj

mostrar

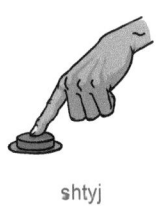

shtyj

presionar

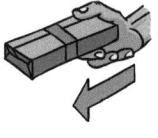

jap

dar

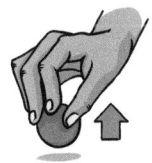

marr

tomar

kam

tener

bëj

hacer

jam

ser

qëndroj

estar de pie

vrapoj

correr

tërheq

tirar

hedh

arrojar

bie

caer

shtrihem

estar acostado

pres

esperar

mbaj

llevar

ulem

estar sentado

vishem

vestirse

fle

dormir

zgjohem

despertar

aktivitet - actividades

shikoj

mirar

qaj

llorar

përkëdhel

acariciar

kreh

peinarse

bisedoj

conversar

kuptoj

entender

kërkoj

preguntar

dëgjoj

oír

pi

beber

ha

comer

sistemoj

asear

dashuroj

amar

gatuaj

cocinar

drejtoj makinën

conducir

fluturoj

volar

lundroj

navegar

llogaris

calcular

lexoj

leer

mësoj

aprender

punoj

trabajar

martohem

casarse

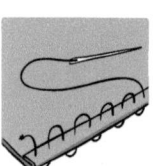

qep

coser

laj dhëmbët

limpiarse los dientes

vras

matar

tymos

fumar

dërgoj

enviar

gjyshe
abuela

gjysh
abuelo

baba
padre

nënë
madre

bebe
bebé

vajzë
hija

djalë
hijo

mysafir
invitado

teze, hallë
tía

dajë, xhaxha
tío

vëlla
hermano

motër
hermana

trupi

cuerpo

balli
frente
syri
ojo
shpatulla
hombro
gishti
dedo
fytyra
cara
mjekra
barbilla
dora
mano
krahërori
pecho
këmba
pierna
krahu
brazo

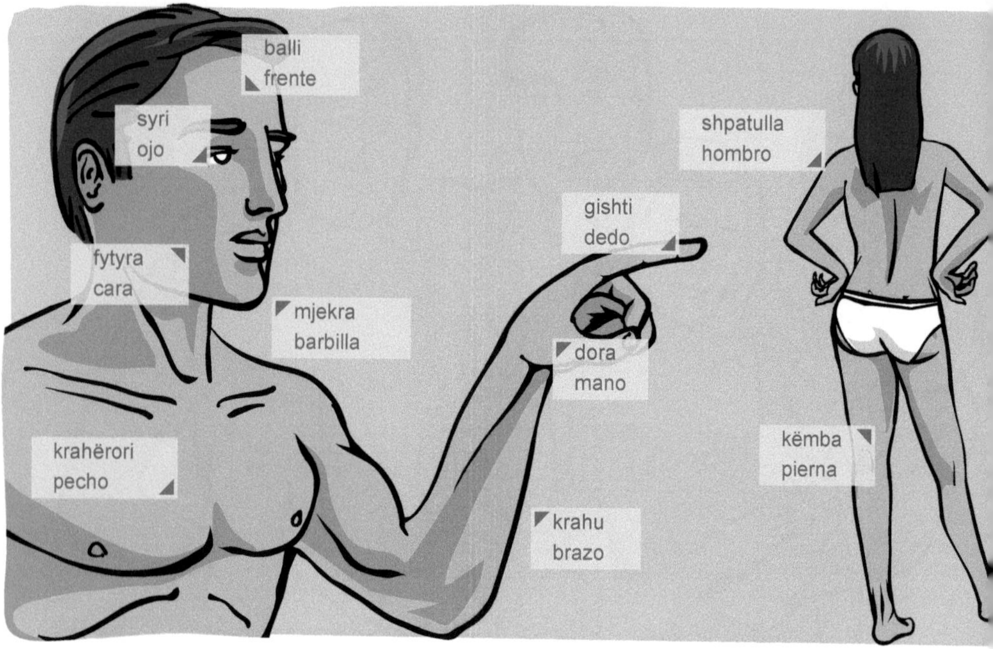

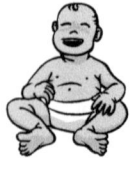

bebe
bebé

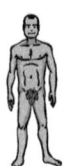

burrë
hombre

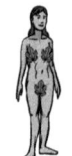

grua
mujer

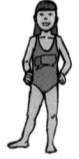

vajzë
muchacha

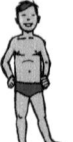

djalë
joven

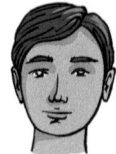

koka
cabeza

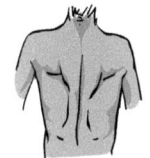

shpina

espalda

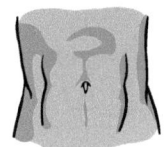

barku

vientre

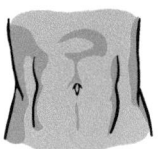

kërthiza

ombligo

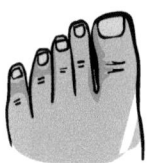

gisht këmbe

dedo del pie

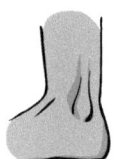

Thembra

talón

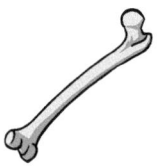

kockë

hueso

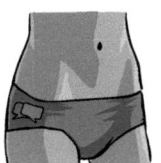

legeni

cadera

gjuri

rodilla

bërryli

codo

hunda

nariz

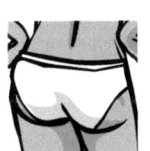

vithe

trasero

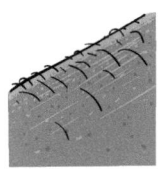

lëkura

piel

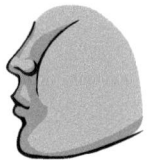

faqja

mejilla

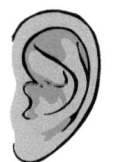

veshi

oreja

buza

labio

trupi - cuerpo

goja

boca

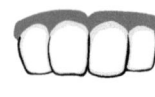

dhëmbët

diente

gjuha

lengua

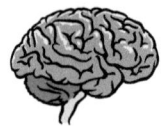

truri

cerebro

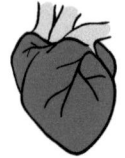

zemra

corazón

muskul

músculo

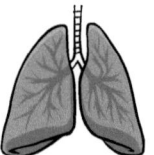

mushkëria

pulmón

mëlçia

hígado

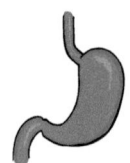

stomaku

estómago

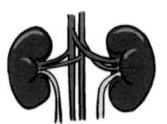

veshka

riñones

seks

relación sexual

prezervativ

condón

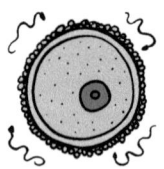

veza

Óvulo

sperma

esperma

shtatëzani

embarazo

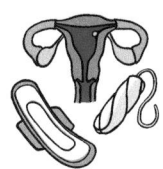

menstruacione
....
menstruación

vagina
....
vagina

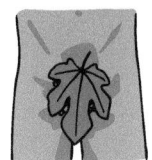

penis
....
pene

vetulla
....
ceja

flokët
....
cabello

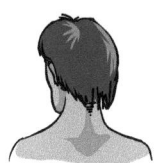

qafa
....
cuello

spital
hospital

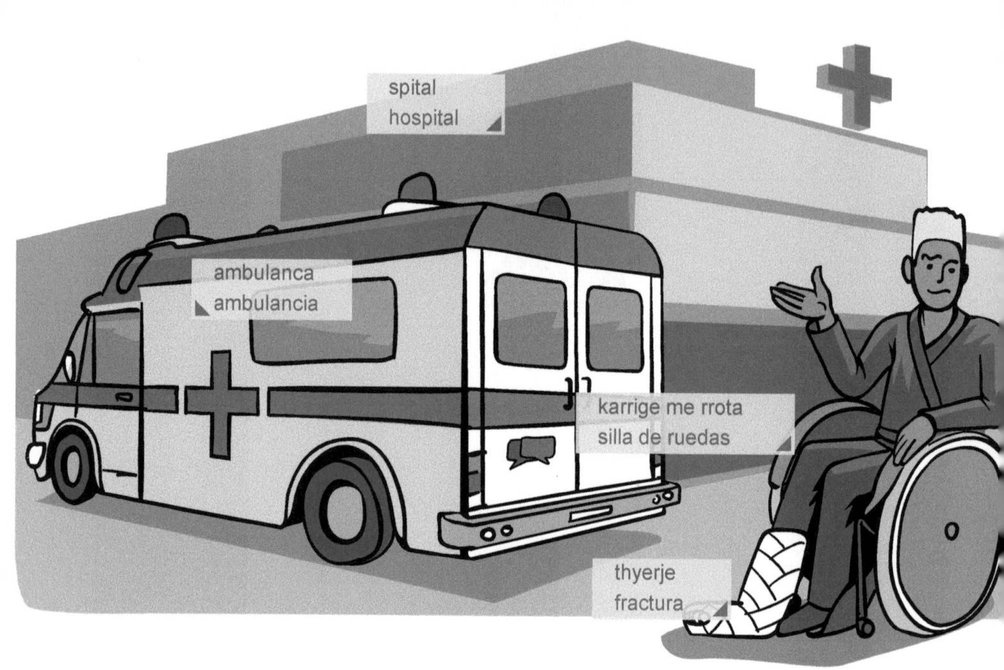

spital
hospital
ambulanca
ambulancia
karrige me rrota
silla de ruedas
thyerje
fractura

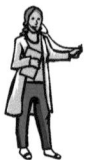

mjek

médico

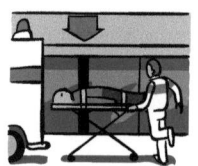

sallë urgjencash

admisión de urgencia

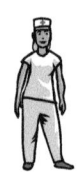

infermiere

enfermera

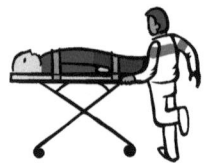

emergjencë

emergencia

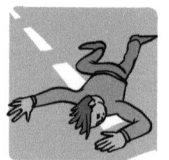

i pandërgjegjshëm

inconsciente

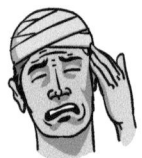

dhimbje

dolor

dëmtim

lesión

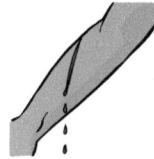

gjakosje

hemorragia

infarkt

infarto de miocardio

goditje

apoplejía cerebral

alergji

alergia

kolla

tos

ethe

fiebre

grip

gripe

diarre

diarrea

dhimbje koke

dolor de cabeza

kancer

cáncer

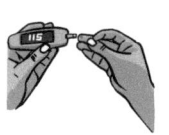

diabet

diabetes

kirurg

cirujano

bisturi

escalpelo

operacion

operación

CT (skaner)

TC

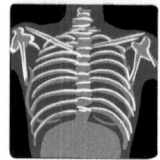

radiografi

rayos X

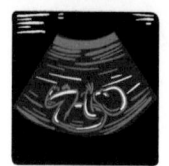

ultratingull

ultrasonido

maskë fytyre

máscara

sëmundje

enfermedad

dhomë pritjeje

sala de espera

paterica

muleta

leukoplast

emplasto

fasho

vendaje

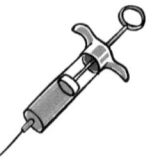

injeksion

inyección

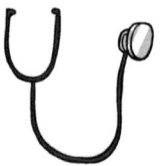

stetoskop

estetoscopio

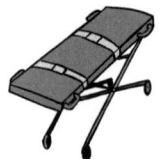

barelë

camilla

termometër

termómetro

lindje

nacimiento

mbipeshë

sobrepeso

aparat dëgjimi

audífono

dezinfektant

desinfectante

infeksion

infección

virus

virus

HIV / AIDS

VIH / SIDA

mjekësi, mjekim

medicina

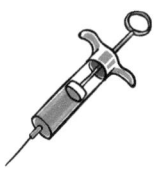

vaksinim

vacunación

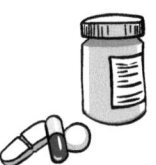

tableta

comprimido

pilulë

píldora anticonceptiva

telefonatë emergjence

llamada de emergencia

aparat tensioni

medidor de presión arterial

i sëmurë / i shëndetshëm

enfermo / saludable

Ndihmë!

¡Ayuda!

alarm

alarma

sulm

asalto

atak

ataque

rrezik

peligro

dalje emergjence

salida de emergencia

Zjarr!

¡Fuego!

fikëse zjarri

extintor

aksident

accidente

kuti e ndimës së shpejtë

kit de primeros auxilios

SOS

SOS

policia

Policía

Europa

Europa

Amerika e Veriut

América del Norte

Amerika e Jugut

América del Sur

Afrika

África

Azia

Asia

Australia

Australia

Atlantiku

Atlántico

Paqësori

Pacífico

Oqeani Indian

Océano Índico

Oqeani Antarktik

Océano Antártico

Oqeani Arktik

Océano Ártico

Poli i veriut

Polo Norte

Poli i Jugut

Polo Sur

Antarktida

Antártida

toka

Tierra

tokë

país

det

mar

ishull

isla

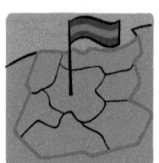

komb

nación

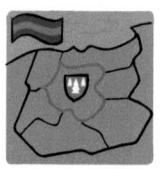

shtet

Estado

fusha e orës

cuadrante

akrepi i orës

horario

akrepi i minutave

minutero

akrepi i sekondave

segundero

Sa është ora?

¿Qué hora es?

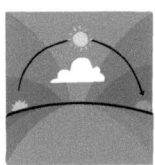

ditë

día

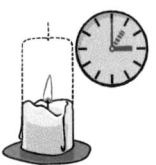

kohë

tiempo

tani

ahora

orë dixhitale

reloj digital

minutë

minuto

orë

hora

javë
semana

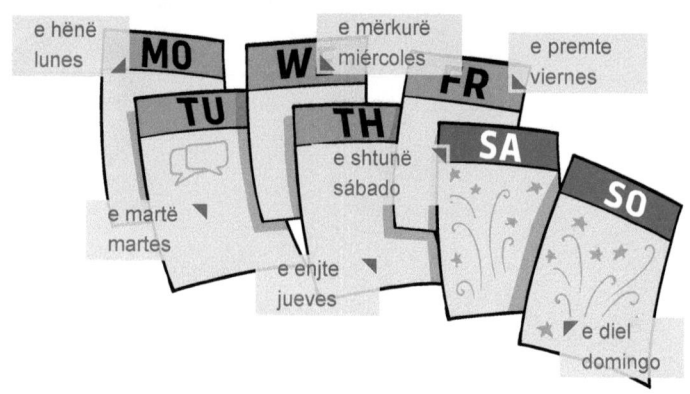

dje

ayer

sot

hoy

nesër

mañana

mëngjes

mañana

mesditë

mediodía

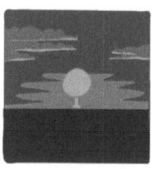

mbrëmje

tarde

MO	TU	WE	TH	FR	SA	SU
1	2	3	4	5	6	7
8	9	10	11	12	13	14
15	16	17	18	19	20	21
22	23	24	25	26	27	28
29	30	31	1	2	3	4

ditë pune

jornada de trabajo

MO	TU	WE	TH	FR	SA	SU
1	2	3	4	5	6	7
8	9	10	11	12	13	14
15	16	17	18	19	20	21
22	23	24	25	26	27	28
29	30	31	1	2	3	4

fundjavë

fin de semana

vit
año

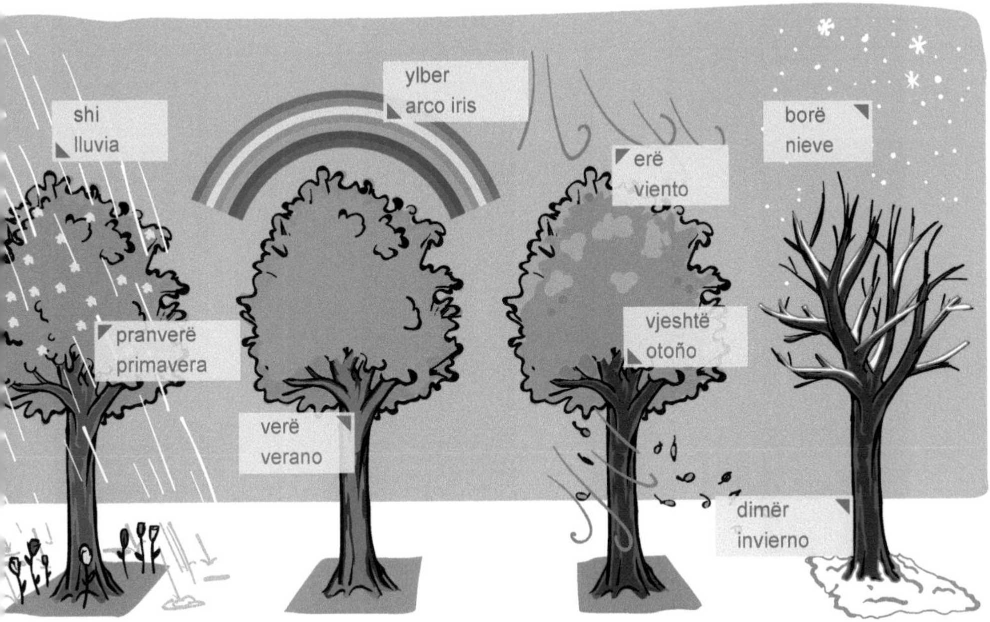

shi
lluvia
ylber
arco iris
borë
nieve
erë
viento
pranverë
primavera
vjeshtë
otoño
verë
verano
dimër
invierno

4.APRIL 11°
5.APRIL 4°
6.APRIL 13°
7.APRIL 8°
8.APRIL 10°

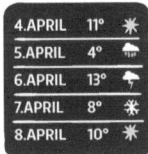

parashikimi i motit

onóstico meteorológico

F C
120 90 60 30 0 -30
40 30 20 10 0 -10 -20

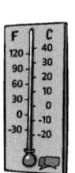

termometër

termómetro

ndriçim dielli

luz solar

re

nube

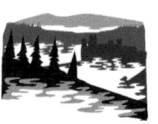

mjegull

niebla

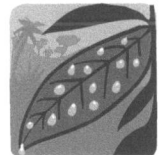

lagështi

humedad ambiente

vetëtima

relámpago

gjëmim

trueno

stuhi

tormenta

breshër

granizo

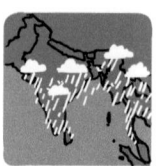

muson

monzón

përmbytje

inundación

akull

hielo

janar

enero

shkurt

febrero

mars

marzo

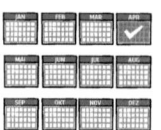

prill

abril

maj

mayo

qershor

junio

korrik

julio

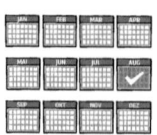

gusht

agosto

shtator
....
septiembre

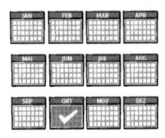

tetor
....
octubre

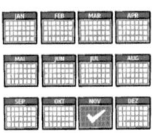

nëntor
....
noviembre

dhjetor
....
diciembre

forma

formas

rreth
....
círculo

katror
....
cuadrado

drejtkëndësh
....
rectángulo

trekëndësh
....
triángulo

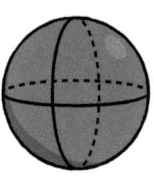

sferë
....
esfera

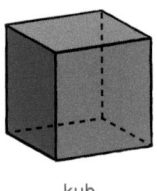

kub
....
cubo

e bardhë

blanco

e verdhë

amarillo

portokalli

anaranjado

rozë

rosa

e kuqe

rojo

vjollcë

lila

blu

azul

e gjelbër

verde

kafe

marrón

gri

gris

e zezë

negro

shumë / pak

mucho / poco

i nevrikosur / i qetë

enojado / calmado

i bukur / i shëmtuar

bonito / feo

fillim / fund

comienzo / fin

i madh / i vogël

grande / pequeño

i ndritshëm / i errët

claro / oscuro

vëlla / motër

hermano / hermana

e pastër / e pistë

limpio / sucio

e plotë / jo e plotë

completo / incompleto

ditë / natë

día / noche

gjallë / vdekur

muerto / vivo

i gjerë / i ngushtë

ancho / angosto

i ngrënshëm / i pangrënshëm

disfrutable / no disfrutable

i keq / i këndshëm

malo / amigable

i lumtur / i mërzitur

excitado / aburrido

i shëndoshë / i dobët

gordo / delgado

e para / e fundit

primero / último

mik / armik

amigo / enemigo

plot / bosh

lleno / vacío

e fortë / e butë

duro / suave

e rëndë / e lehtë

pesado / liviano

uri / etje

hambre / sed

i sëmurë / i shëndetshëm

enfermo / saludable

e paligjshme / e ligjshme

ilegal / legal

i zgjuar / budalla

inteligente / tonto

majtas / djathtas

izquierda / derecha

afër / larg

cercano / lejano

e re / e përdorur

nuevo / usado

asgjë / diçka

nada / algo

i moshuar / i ri

viejo / joven

ndezur / fikur

encendido / apagado

hapur / mbyllur

abierto / cerrado

i qetë / i zhurmshëm

bajo / fuerte

i pasur / i varfër

rico / pobre

e drejtë / e gabuar

correcto / incorrecto

i ashpër / i butë

áspero / liso

i mërzitur / i lumtur

triste / alegre

i shkurtër / i gjatë

breve / extenso

ngadalë / shpejt

lento / veloz

i lagësht / i thatë

mojado / seco

ngrohtë / freskët

caliente / frío

luftë / paqe

guerra / paz

të kundërta - opuestos

0	**1**	**2**
zero	një	dy
cero	uno	dos

3	**4**	**5**
tre	katër	pesë
tres	cuatro	cinco

6	**7**	**8**
gjashtë	shtatë	tetë
seis	siete	ocho

9	**10**	**11**
nentë	dhjetë	njëmbëdhjetë
nueve	diez	once

12
dymbëdhjetë

doce

13
trembëdhjetë

trece

14
katërmbëdhjetë

catorce

15
pesëmbëdhjetë

quince

16
gjashtëmbëdhjetë

dieciséis

17
shtatëmbëdhjetë

diecisiete

18
tetëmbëdhjetë

dieciocho

19
nentëmbëdhjetë

diecinueve

20
njëzetë

veinte

100
qind

cien

1.000
mijë

mil

1.000.000
milion

millón

anglisht

inglés

anglishte amerikane

inglés estadounidense

kinezisht mandarin

chino mandarín

hindi

hindi

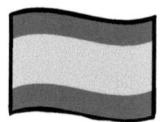

spanjisht

español

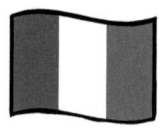

frëngjisht

francés

arabisht

árabe

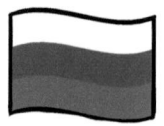

rusisht

ruso

portugalisht

portugués

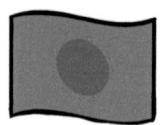

bengalisht

bengalí

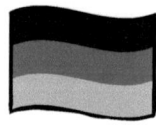

gjermanisht

alemán

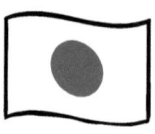

japonisht

japonés

unë
yo

ti
tú

ai / ajo
él / ella

ne
nosotros

ju
vosotros

ata
ellos

kush?
¿quién?

çfarë?
¿qué?

si?
¿cómo?

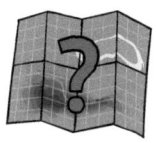

ku?
¿dónde?

kur?
¿cuándo?

emër
nombre

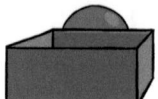

pas

detrás

në

en

përballë

delante de

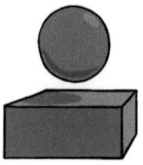

sipër

encima de

mbi

sobre

poshtë

debajo de

pranë

junto a

midis

entre

vend

lugar